PANNARD,

CLERC DE PROCUREUR,

COMÉDIE-VAUDEVILLE,

EN UN ACTE ET EN PROSE.

Représentée pour la première fois, au Théâtre du Vaudeville, le 8 floréal an 10.

Par les Cit. BOUTARD, FONTENILLE et DESFOUGERETS.

A PARIS,

Chez DESENNE, Libraire, Palais du Tribunat, n°. 2,
Et chez tous les Marchands de Nouveautés.

AN X.

PERSONNAGES.

ACTEURS.

PERSONNAGES.	ACTEURS.
ROSINE, Actrice de l'ancien Opéra-Comique.	Mmes. *Henri.*
LISETTE, femme de chambre de Rosine.	*Blosseville.*
PANNARD.	C^{ns}. *Julien.*
LEGRAND, Auteur et Acteur de la Comédie Française.	*Vertpré.*
DURET, Procureur.	*Chapelle.*

La Scène se passe chez Rosine.

Nota. Les Couplets guillemetés sont de Pannard.

Les Airs notés se trouvent au Théâtre du Vaudeville.

PANNARD,

CLERC DE PROCUREUR;

COMÉDIE-VAUDEVILLE,

EN UN ACTE.

SCÈNE PREMIÈRE.
ROSINE, LISETTE.

ROSINE.

Tiens, Lisette, serre ce rôle ; je ne puis en apprendre une ligne.

LISETTE.

Mais, la pièce est déjà annoncée.

ROSINE.

J'aurai un rhume ; on la jouera deux jours plus tard : donne-moi ces chansons.

LISETTE.

Que M. Legrand nous a apportées hier au soir ?

ROSINE.

Oui, du jeune Pannard. Y a-t-il rien de plaisant comme ces merveilles de l'Opéra ?

LISETTE (*donnant le cahier à Rosine*).

J'en sais déjà trois couplets par cœur ; sur l'air nouveau : Réveillez-vous belle endormie.

   » J'ai vu le Soleil et la Lune
   » Qui faisoient des discours en l'air ;
   » J'ai vu le terrible Neptune
   » Sortir tout frisé de la mer.

A 2

» J'ai vu le maître du Tonnerre
» Attentif au coup de sifflet,
» Pour lancer ses feux sur la Terre,
» Attendre l'ordre d'un valet.

C'est le dernier qui me plaît le plus.

» J'ai vu Diane en exercice,
» Courir le cerf avec ardeur ;
» J'ai vu derrière la coulisse,
» Le gibier courir le chasseur.

ROSINE.

Et à côté de ces folies , que de délicatesse !

AIR : *Pourriez-vous bien douter encore ?*

» Dans le tems où l'on voit éclore
» De nos ans la première fleur,
» Le scrupule nous parle encore,
» La raison maîtrise le cœur ;
» Mais quand le tems, d'un vol rapide,
» Nous mène à l'ardente saison,
» Nos passions sont notre guide,
» Le cœur maîtrise la raison.

» Des combats , le Dieu redoutable,
» Jadis à Vénus fit sa cour :
» Pour lors, si l'on en croit la Fable,
» Le plaisir enfanta l'Amour ;
» Au doux auteur de sa naissance,
» Bornant sa gloire et son désir,
» Tous les jours par reconnoissance,
» L'Amour enfante le plaisir.

LISETTE.

C'est charmant !

ROSINE.

Je ne serois pas surprise que ce jeune homme fît un jour parler de lui.

LISETTE (*annonçant*).

M. Legrand.

SCÈNE II.

ROSINE, LEGRAND.

ROSINE.

Ah ! vous voilà, mon ami ; vous êtes matinal...
Lisette, songe à ma toilette. (*Lisette sort.*)

LEGRAND.

Vous savez que j'ai promis à Pannard de lui
rendre son recueil, ce matin. Il s'est décidé avec
tant de peine à me le confier !

ROSINE.

Savez-vous qu'il contient d'excellentes choses !

LEGRAND.

Je sais qu'il a, de plus, dans son porte-feuille, un
opéra-vaudeville charmant.

ROSINE.

Voilà l'auteur qu'il me faut.

LEGRAND.

Eh bien, je vous l'amène à déjeûner, ce matin.

ROSINE.

Et nous le déterminons à suivre la carrière litté-
raire.

LEGRAND.

Cela sera difficile. Il est tellement esclave de ce
Duret, chez lequel il travaille !

ROSINE.

Duret ? Un procureur ?

LEGRAND.

Précisément... Il fait mes affaires ; et c'est chez
lui que j'ai connu Pannard.

ROSINE.

Il m'a écrit , il y a quelques jours , pour une affaire... Une petite maison que j'avois... Je ne lui ai pas seulement répondu... Et, c'est là que Pannard ensevelit ses talens.

LEGRAND.

J'ai fait, pour l'en éloigner , d'inutiles efforts.

ROSINE.

Qui peut l'attacher à un si mince emploi?

LEGRAND.

Une certaine indolence de caractère...

ROSINE.

Nous attaquerons le cœur.

LEGRAND.

Les conseils intéressés de ce M. Duret, qui ne lui montre le théâtre qu'environné d'écueils...

ROSINE.

Nous le détromperons,

LEGRAND.

Quelques services rendus à sa famille , et l'envie de donner un peu plus d'aisance à sa mère, au moyen de cette modique place...

ROSINE.

A-t-il déjà fait imprimer quelque chose?

LEGRAND.

Rien encore.

ROSINE.

Tant mieux.

AIR: *Vaudeville de Frosine.*

Autrefois un modeste auteur
Travailloit long tems un ouvrage,
Et ne l'offroit pas au lecteur,
Sans avoir poli chaque page.
Aujourd'hui nos fiers écrivains,
Que la soif d'écrire consume,
Voudroient pouvoir tous les matins,
Nous donner un volume.

LEGRAND.

Il croit à l'amitié de Duret, il craint de lui déplaire.

ROSINE.

C'est donc un personnage bien sévère que le cher procureur ?

LEGRAND.

Sévère..... pour les autres. Ne pardonnant pas la moindre foiblesse, et les ayant toutes.

ROSINE.

Il a des foiblesses ?

LEGRAND.

Pillant de toute main et criant toujours au voleur. Pauvre Pannard !

ROSINE.

Oh ! nous le tirerons de là. Tenez, mon cher Legrand, j'ai besoin d'un auteur qui travaille pour moi. Mademoiselle Lambert, dans un rôle qu'elle m'a enlevé, vient de s'acquérir une gloire dont j'ai presque été malade.

LEGRAND.

A qui parlez-vous de jalousie de métier ? à Legrand, auteur d'abord, et acteur de la comédie.

française. Allons, je monte chez moi attendre notre jeune poëte, et je vous le livre.

ROSINE.

Je réponds de la victoire.

LEGRAND.

N'y comptez pas trop.

ROSINE.

Allons donc; un Caton de cet âge et une pre-mière amoureuse.

LEGRAND.

C'est lui qui l'a dit : « Jamais brune ni blonde, peut-être pour mon bien, n'a captivé mon cœur.

ROSINE,

Cela est impossible.

AIR : *Pour charmer la douleur profonde.*

Peut-on avec un cœur de glace,
D'Apollon fréquenter la cour ?
Non, les habitans du Parnasse
Sont aussi sujets de l'amour.

LEGRAND.

Vous avez bien raison.

On n'est jamais qu'un froid poëte,
Si l'on ne sent avec ardeur;
L'esprit peut être dans la tête,
Mais le génie est dans le cœur.

(*Lisette entre, apportant plusieurs robes.*)

ROSINE.

On tournera cette jeune tête, c'est moi qui vous le dis. Son intérêt l'exige.

LEGRAND,

Momus le réclame.

ROSINE.

Il y va de ma gloire.

LEGRAND.

Je vous l'amène dans peu. (*Il sort.*)

SCÈNE III.

ROSINE, LISETTE.

LISETTE (*à part*).

L'on parle de séduction, tant mieux; une sou-
brette y trouve toujours son compte.

ROSINE.

Je suis à faire peur,..... Lisette ?

LISETTE.

Madame.

ROSINE.

Une robe.

LISETTE.

En voilà plusieurs.

ROSINE.

Donne.

LISETTE.

Laquelle ?

ROSINE

Celle que tu voudras.

LISETTE.

Cela dépend du rôle que vous voulez jouer ce
matin.

AIR : *De la Pipe de Tabac.*

Voulez-vous la robe en chemise ?

ROSINE.

Elle est d'un tissu trop léger.

LISETTE.

La modeste ?

ROSINE.

N'est plus de mise.

LISETTE.

Que ne puis-je m'en arranger !
Cette engageante est sans égale,
Et ses effets sont bien connus.
Voulez vous celle à la Vestale ?

ROSINE.

Tu sais qu'on n'en voit presque plus.
Allons dépêchons. Mon Dieu, quel étalage tu me
fais aujourd'hui !

LISETTE.

Je viens d'entendre qu'il s'agissoit d'une conquête,
je bouleverse l'arsenal.

ROSINE.

Tu ne t'es pas trompée ; c'est même une conquête
avantageuse.

LISETTE.

Ah ! tant mieux.

ROSINE.

Si je parviens à décider le jeune homme...

LISETTE.

Ah ! mon Dieu ! un jeune homme.

ROSINE.

Mais il peut me faire briller.

LISETTE.

Bon ; j'aime l'éclat.

ROSINE.

D'ailleurs plein de mérite.

LISETTE.

Ah ! j'entends, un homme de robe.

ROSINE.

Fi donc !

LISETTE.

Un colonel ?

ROSINE.

Mieux que cela.

LISETTE.

Un financier ?

ROSINE.

Mieux encore.

LISETTE.

Un prince ?

ROSINE (*avec dignité*).

Un poëte.

LISETTE.

Ah ! miséricorde.

ROSINE.

Comme te voilà déconcertée ; allons vîte, ma robe.

LISETTE.

Celle-ci est bonne. Il ne faut pas tant de cérémonie. Ces messieurs dédaignent l'art ; on doit leur plaire en négligé.

ROSINE.

AIR : *D'un Epoux chéri la tendresse.*

En honneur, ma chère Lisette,
Ton couroux me paroît plaisant ;
Allons, qu'on s'occupe à l'instant
Du déjeûner de mon poëte.

LISETTE.

Soumise en tout à mon devoir,
Je songe à ce qui peut lui plaire...
Vraiment je voudrois le savoir,
Pour lui donner tout le contraire.

ROSINE.

Je te passe tout ; mais tu ne sais pas qu'il s'agit de l'auteur de ces jolies chansons....

LISETTE.

Oh ! pour celui-là c'est différent. Au surplus, il y a votre déjeûner ordinaire ; et s'il falloit autre chose, j'y aurois bientôt pourvu.

ROSINE.

Ote-moi cette pile de manuscrits. Messieurs les auteurs sont bien bons de croire que je m'amuse à les lire.

LISETTE.

Madame, madame, voilà M. Legrand avec un jeune homme.

ROSINE.

C'est bon.

(*Lisette sort.*)

SCÈNE IV.

LEGRAND, PANNARD, ROSINE.

(Rosine prélude sur un piano, et feint d'ignorer l'arrivée de Pannard.)

LEGRAND *(à Pannard).*

Chut ! écoutons.

PANNARD *(après le prélude).*

L'air de mon ruisseau de Champigni !

ROSINE.

» Ruisseau qui baignes cette plaine,
» Je te ressemble en bien des traits;
» Toujours même penchant t'entraîne,
» Le mien ne changera jamais.
» Ton murmure flatteur et tendre,
» Ne cause ni bruit, ni fracas,
» Plein du souci qu'amour fait prendre,
» Si j'en murmure, c'est tout bas.

PANNARD *(à Legrand).*

Mon ami, c'est ma dernière romance. Quel charme elle ajoute à mes expres ons !

ROSINE.

» Des vents qui font gémir Neptune,
» Tu braves les coups redoublés;
» Des jeux cruels de la fortune,
» Mes sens ne sont jamais troublés :
» Tu n'as point d'embûche profonde,
» Je n'ai pas de piége trompeur;
» On voit jusqu'au fond de ton onde,
» On lit jusqu'au fond de mon cœur.

LEGRAND *(Haut, à Rosine.)*

A merveille.

ROSINE (*Feignant la surprise*).

Vous m'écoutiez ?

LEGRAND.

Nous admirions.

PANNARD.

Qu'un auteur, madame, doit être heureux de vous entendre chanter ses vers !

ROSINE.

Dites plutôt, monsieur, qu'une actrice doit être heureuse d'en avoir de pareils dans ses rôles. Je donnerois beaucoup pour connoître l'auteur de ceux-ci.

LEGRAND.

Je vous le présente; M. Pannard.....

ROSINE.

M. Pannard; c'est me faire un vrai plaisir. Le nom de monsieur....

PANNARD.

Mon nom.... il seroit parvenu jusqu'à vous ?

LEGRAND.

Rosine connoît vos charmantes productions.

PANNARD.

Quelques poésies fugitives.

ROSINE.

De la modestie.

AIR : *Trouverez vous un parlement.*

C'est ainsi qu'on nomme en effet,
Des riens rimés avec finesse ;
De plus d'un ouvrage imparfait,
Ce titre excuse la foiblesse ;
Mais comme vous, quand un auteur
Se peint dans ses œuvres naïves,

Elles se gravent dans le cœur,
Et cessent d'être fugitives.

LEGRAND.

Vous n'êtes pas fait pour rester chez un procureur.

ROSINE.

Où cela peut-il vous mener ?

PANNARD.

J'aime la tranquillité ; je suis sans ambition, et mon travail, tout ingrat qu'il est, me suffit pour aider ma mère : Suis-je si le théâtre m'offriroit les mêmes ressources ?

LEGRAND.

De bien plus brillantes, et j'en suis caution.

AIR : *Trouver le bonheur en famille.*

Mon cher Pannard, pour les procès, .
Votre style a trop de saillie ;
Fréquentez, au lieu du palais,
La maisonnette de Thalie ;
Avec de l'esprit, des talens,
C'est vous perdre, la chose est claire....

ROSINE.

Loin de voir pleurer vos cliens,
Faites rire notre parterre.

PANNARD.

Vous oubliez que je n'ai fait encore que quelques couplets.

ROSINE.

Eh qu'importe ?

AIR : *Femmes voulez-vous éprouver.*

Un point obscur dans l'horizon,
Souvent annonce le tonnerre ;
On devine dans un bouton,
La reine d'un brillant parterre.

Le grain semé dans nos guérets,
Promet une moisson fertile ;
On peut dans de simples couplets,
Voir le père du vaudeville

LEGRAND.

D'ailleurs, je sais que vous avez fait une pièce,

PANNARD.

Qui ? moi.

LEGRAND.

Pourquoi ne pas l'avouer ?

PANNARD.

Je vous assure....

ROSINE.

Il falloit choisir des amis plus discrets.

PANNARD.

J'ai bien quelques plans tracés, quelques brouil-
lons informes.

ROSINE.

Eh bien ! il faut les revoir, les mettre en ordre,
en faire un ouvrage.

PANNARD.

Voilà le difficile.

AIR : *Mon père étoit pôt.*

Avec quelques grains de gaieté,
Quelques doigts de bourgogne,
On peut faire, sans vanité,
D'assez bonne besogne ;
    Des couplets heureux,
    Ne sont à mes yeux
    Qu'une bonne fortune ;
    Quelque mal-adroit,
    Quelque neuf qu'on soit,
    On peut en avoir une.

ROSINE.

ROSINE.

Je suis sure que vous en aurez aussi au théâtre.

PANNARD.

Mais une intrigue, une bonne intrigue est si diffi-cile à trouver : d'ailleurs, il faut connoître le monde, il faut connoître le théâtre.

(Lisette fait apporter le déjeûner.)

ROSINE.

Je pourrai vous donner quelques conseils, qui ne vous seront pas inutiles, surtout pour les rôles d'amoureuses. Pour moi, je n'en accepte jamais un qu'il n'y ait un costume élégant, une romance et beaucoup de naïveté.

PANNARD.

Si chaque acteur énonce ainsi son goût, cela doit être fort agréable pour un auteur.

ROSINE.

Ce sont de ces misères auxquelles il ne faut pas s'attacher ; mais n'oublions pas le déjeûner (*Ils s'assoient*). Que voulez-vous ? du chocolat ?

LEGRAND.

Vous vous moquez ; songez que nous sommes des poëtes.

LISETTE.

Ah ! j'entends (*Elle apporte plusieurs flacons de vin*).

LEGRAND.

Voilà ce que c'est. Pour moi, je ne fais jamais d'autre déjeûner, sur-tout quand je veux composer (*Ils boivent*). Excellent bourgogne !

B

PANNARD.

Je ne reconnois pas le bouquet du pays.

LISETTE.

(*A part.*) Il fait le connoisseur. (*Haut.*) Est-ce que M. Duret donneroit de ce vin à ses clercs ?

PANNARD.

Oui , comme vin d'ordinaire.

LEGRAND.

Je doute qu'il le prenne si loin.

PANNARD.

Vous pourriez bien avoir raison.

AIR : *Vaudeville du Jokei.*

Quand il dit qu'il a le goût sûr ;
Que son vin vaut de l'ambroisie ;
Que c'est du Bourgogne tout pur,
C'est erreur de géographie.
Et comme il confond quelquefois
Le Mexique et la Catalogne ,
Il peut bien présumer, je crois ,
Que Surenne est dans la Bourgogne.

LEGRAND.

Encore un coup, allons, trinquons ; c'est un usage amical qu'il ne faut pas laisser perdre.

PANNARD.

(*A Lisette qui veut lui donner de l'eau.*)

De l'eau ! après ce que j'en ai dit.

AIR *nouveau de Wicht.*

« Amis , ne buvons jamais d'eau ,
» Des Dieux c'est le plus grand fléau.
» Phaëton , ce jeune éventé ,
» Qui voulut éclairer le Monde ,

» Par la foudre précipité,
» Du Pô s'en alla boire l'onde.
» Amis, etc.

» Le modèle fameux des sots,
» Le fat et l'orgueilleux Narcisse,
» Un jour se mirant dans les flots,
» Y trouva son juste supplice.
» Amis, etc.

ROSINE (*se levant de table*).

Allons, M. Pannard, j'espère que vous m'apporterez bientôt un opéra-vaudeville.

PANNARD.

Y pensez-vous, Madame, moi travailler pour le Théâtre?

AIR: *D'une abeille toujours chérie.*

Paroître à l'Opéra-Comique,
Où brille déjà maint auteur;
J'ai vu Lesage et Dominique
Y jouir d'un accueil flatteur;
J'ai vu tant de fois le parterre
Fêter Piron et ses Amis,
Que près d'eux Pannard n'ose guère
Se flatter de se voir admis.

ROSINE.

Encore de la modestie. Tenez, je vous le dis, elle ne mène à rien.

PANNARD.

Elle devroit toujours être la vertu d'un auteur.

AIR *du Vaudeville de l'Avare et son Ami.*

A l'amour-propre qui l'abuse,
Quand on le voit s'abandonner,
Avec raison on lui refuse
L'encens qu'il cherche à se donner;
Aux fleurs quelque peu de verdure
Ajoute un éclat plus brillant,

B 2

Ainsi réunie au talent,
La modestie est sa parure.

ROSINE.

Cette parure est souvent de la coquetterie ; et vous pouvez vous en passer.

PANNARD.

Je ne m'aveugle point.

ROSINE.

Eh ! mon cher, que de gens qui ne vous valent pas, sont applaudis au théâtre, fêtés dans le monde, recherchés des grands, aimés des belles !

PANNARD.

Vos encouragemens sont sans doute bien flatteurs ; mais je connois les écueils de cette mer orageuse.

LEGRAND.

On vous a grossi le danger.

PANNARD.

Que de démarches n'a pas à faire un jeune auteur qui n'a de protection que son ouvrage !

ROSINE.

Vous n'avez pas ces craintes-là ; je me charge de la présentation du vôtre.

PANNARD.

Et les acteurs, qui ne vous pardonnent pas de les oublier dans la distribution de vos rôles ?

LEGRAND.

Tout cela s'arrange aisément.

PANNARD.

Et le public, qui n'entend pas raillerie ; et d'un seul coup de sifflet renverse toutes vos espérances ?

ROSINE.

Voilà sans doute le pire ; mais on n'est pas toujours sifflé. D'ailleurs . . .

AIR : *La pipe de tabac.*

Quand du public la voix utile
Prononce avec sévérité,
On peut en se montrant docile,
Compter encor sur sa bonté.
Lorsqu'un tendre père s'enflamme
Contre un fils qu'il veut ramener,
Il se réserve au fond de l'ame,
Le plaisir de lui pardonner.

PANNARD.

Je me suis souvent représenté un pauvre auteur,
au moment où les premiers coups de ce fatal instru-
ment viennent frapper son oreille.

LEGRAND.

Le moment est bientôt passé.

PANNARD.

Comme il s'échappe furtivement ! Comme il évite
les regards de ses amis, de ses parens !

ROSINE.

Il est vrai ; mais aussi, quand il entend d'une
extrémité de la salle à l'autre, les cris répétés de
bravo, bravo, bis, bis . . . .

PANNARD.

Ce plaisir, je le sens, a bien son prix.

ROSINE.

La toile se baisse ; mille voix, à l'envi, demandent
l'auteur ; aussitôt un acteur s'avance, et dit : Messieurs, la pièce est de Monsieur . . . . Pannard.

B 3

PANNARD.

Pannard?... Je conviens que ce doit être un délicieux moment.

ROSINE.

Les applaudissemens redoublent ; et nos élégans, quittant les banquettes de la scène, viennent au foyer complimenter l'auteur.

PANNARD.

(A *part*) Si je ne craignois....

LISETTE. (*entrant*).

(*à un domestique*) C'est bon. (*à Rosine*) Madame, un Monsieur demande, à toute force, à vous parler.

ROSINE.

(A *part*) L'importun. (*Haut*) Son nom?

LISETTE.

Monsieur Duret.

PANNARD.

Monsieur Duret ; je me sauve.

ROSINE.

Un moment... quel contre-tems... dis-lui que je n'y suis pas.

LISETTE.

On lui a déjà dit que vous y étiez.

ROSINE.

Que je suis occupée... Non, non, tâche de savoir ce qu'il me veut, et de le congédier après. (*à Pannard*) Passons dans ce cabinet (*bas à Legrand*) et continuons notre entretien. (*ils sortent*)

LISETTE (*à un domestique*).

Fais entrer.

SCÈNE V.

LISETTE, DURET.

DURET.

AIR : *Des Trembleurs.*

Trop matin je me présente ;
Mais ma visite est urgente,
Pour une affaire importante ;
Mon zèle me fait venir ;
Vous m'excuserez j'éspère,
Car tel est mon caractère,
Moi, quand il s'agit d'affaire,
Je vole au lieu de courir.

Nous autres gens de plume . . .

LISETTE.

Comment, Monsieur Duret, à toute heure on est charmé de vous voir.

DURET.

Il y a long-tems que je désire m'entretenir avec vous, au sujet . . .

LISETTE.

Monsieur . . . (A *part*) Il me prend pour ma maîtresse, profitons de la méprise. (*Haut*) Asseyez-vous donc, Monsieur Duret.

DURET.

Ma lettre, Madame, a dû vous apprendre . . .

LISETTE.

Ah ! bon. (A *part*) Il ne s'agit que de cela ; amusons-nous . . . Mais, Monsieur Duret, si je ne me trompe, vous êtes . . .

B 4

DURET.

Procureur.

LISETTE.

Procureur ?

DURET.

Au Châtelet, depuis trente-six ans.

LISETTE.

Vous êtes, sans doute, dans l'usage de prendre quelque chose.... le matin ?

DURET.

Je n'ai pas d'heure fixe pour cela. (*A part*) Elle est du moins fort prévenante.

LISETTE.

Une tasse de chocolat, Monsieur Duret.

DURET.

Madame.

LISETTE.

Sans façon.

DURET.

Vous êtes bien bonne. (*A part*) Le chocolat doit être bon ici.

LISETTE.

Voyez un peu cette Lisette, quelle étourdie; il n'y en a plus... Lisette, Lisette.

DURET.

Non, Madame, ne la grondez pas.

LISETTE.

Pardonnez-moi. Cette fille-là ne pense à rien. Je suis désespérée, Monsieur Duret...

DURET.

N'en parlons plus, Madame, et décidez-vous sur ce que je vous ai mandé.

LISETTE.

Mais, savez-vous que pour un voisin, vous nous négligez furieusement : vous ne venez jamais nous voir.

DURET.

Puisqu'il faut vous le dire, je fréquente peu les personnes de votre état.

LISETTE.

Tant pis pour vous ; il y a toujours à profiter avec les gens à talent.

DURET.

Beau talent, celui de se contrefaire sans cesse.

LISETTE.

Il a bien son prix.

AIR : *Tenez, moi, je suis un brave homme.*

Le talent de se contrefaire
Est fort à la mode aujourd'hui :
On contrefait son caractère,
On est contrefait par autrui ;
Contrefaire est la loi suprême ;
Se contrefaire est du bon ton ;
Chez bien des gens la vertu même
N'est plus qu'une contrefaçon.

DURET.

Madame, ce ne sont point là mes affaires.

LISETTE.

Lise contrefait son visage,
Par malheur déjà contrefait :

On annonce à peine un ouvrage,
Que la contrefaçon paroît :
Cette fureur de contrefaire,
Devient tellement de saison,
Que souvent un autre libraire
Contrefait la contrefaçon.

DURET.

Derechef, Madame, tout cela ne me regarde pas,
et pour la troisième fois il me faut une réponse po-
sitive.

LISETTE.

(*A part.*) Il s'emporte. (*Haut.*) Ah ! mon Dieu !
j'oubliois, et ma toilette, au désespoir, M. Duret.

ROSINE (*Sortant du cabinet et sans voir Duret.*)

L'arrivée de ce procureur a dérangé toutes les
idées de Pannard.

DURET (*à Lisette*).

Mais écoutez donc.

ROSINE (*Apercevant Duret*).

Encore ici ? bon.

LISETTE (*à Duret*).

Une répétition, une course à cheval, trois visites
du matin ; revenez me voir, M. Duret, toute à vous.

SCÈNE VI.

ROSINE, DURET, LISETTE.

ROSINE.

Comment, comment, une course à cheval, des
visites, au désespoir : vous êtes une impertinente,
Lisette.

DURET.

Lisette ! comme elle m'a joué !

ROSINE

Que de pardons, Monsieur. (*à Lisette*). Mademoiselle, je trouve cette plaisanterie très-déplacée ; comment ! un homme qui en impose à tout le quartier.

DURET (*à part*).

Je suis connu.

ROSINE.

(*A part*). Tâchons de l'amadouer, pour qu'il nous abandonne Pannard. (*Haut*) Se jouer ainsi de mon aimable voisin.

DURET (*à part*).

Comme elle est honnête !

ROSINE.

Et choisir pour le railler, ma maison, où je voudrois qu'il fût reçu avec tous les égards.... Croyez Monsieur, que je m'efforcerai de vous faire oublier.

DURET.

Tout est oublié, Madame, tout est oublié. (*A part*) L'aimable femme, et comme elle est jolie ! (*A Lisette*) Ah ! friponne, plus de chocolat.

ROSINE.

Vous y songez encore. .... Retirez-vous, Lisette. (*Lisette sort*).

DURET.

Mais parlons du procès qui m'amène.

ROSINE.

Non, non, c'est inutile. Il est de peu d'importance, et je m'en rapporte à votre délicatesse. D'ailleurs vous seriez bien injuste de ne pas prendre intérêt à ce qui me regarde.

DURET.

Vous êtes faite pour en inspirer beaucoup. Depuis que je vous vois, je ne puis m'empêcher.....

ROSINE.

En vérité; mais vous allez me rendre fière : un hommage comme le vôtre.

DURET (à part).

Est-ce que je lui plairois?

ROSINE (à part).

Jouons la comédie; et tout en nous moquant de lui, tâchons de le décider à laisser travailler son clerc pour le théâtre. (*Haut*) Ah! monsieur Duret, qu'on est malheureuse avec trop de sensibilité.

DURET.

Quand elle est bien placée....

ROSINE.

Oui; mais quand le hasard nous maîtrise : c'est que vous n'imaginez pas à quel point je suis enchantée de votre manière d'être, de votre tournure d'esprit.

DURET.

Eh bien, oui, je conçois cela.

ROSINE (à part).

Le sot.

DURET.

Voilà qui est clair.

ROSINE.

AIR : *En amour, c'est au village.*

Je n'eus jamais je vous jure,
D'adorateur tel que vous.

DURET.

Vous trouvez donc ma tournure ?

ROSINE.

Il en faut pour tous les goûts.

DURET.

Ma personne a su vous plaire ?

ROSINE.

Je regretterois vraiment,
Pour ce que je veux en faire,
Qu'elle fût faite autrement.

DURET.

Ah! charmante Rosine, j'éprouve pour vous...

ROSINE.

(*A part*). Voilà le moment de lui parler de Pannard. (*Haut*) Vous pourriez m'épargner bien des
chagrins.

DURET.

Et comment ?

ROSINE.

Ne connoîtriez-vous pas quelque auteur qui vous
lût me consacrer sa plume ?

DURET.

Des auteurs, je n'en connois pas. (*A part*) Gar-
dons-nous bien de lui parler de mon jeune homme,

ROSINE.

Si j'avois en ce moment un vaudeville.

DURET.

Un vaudeville.... et vous y attacheriez un grand prix?

ROSINE.

Ma gloire en dépend.

DURET (*à part*).

Cujas lui-même y auroit succombé..... Eh mais, cette pièce que j'ai vu dans les cartons de Pannard. Excellente idée !

ROSINE.

Il délibère.

DURET.

C'est un vaudeville qu'il vous faut ? Vous l'aurez.

ROSINE.

Quoi ! vous en auriez un ?

DURET.

Tout prêt.

ROSINE.

La pièce est d'un homme de goût.

DURET.

Madame....

ROSINE.

(*A part.*) Oseroit-il s'en dire l'auteur. (*Haut*) Seroit-elle de vous ?

DURET.

Mais.... oui. Je me suis autrefois exercé dans ce genre.

ROSINE.

(*A part.*) Le fourbe; il veut s'attribuer la pièce

de Pannard. (*Haut*) Vous êtes charmant. (*Lisette entre.*)

DURET.

Je cours la chercher.

ROSINE.

Ne tardez pas ; je suis d'une impatience.

DURET.

Je reviens à l'instant. (*Il sort.*)

ROSINE.

J'y compte. (*A Lisette*) Dis à ces messieurs que Duret est sorti.

LISETTE.

Voilà M. Legrand.

SCÈNE VII.

ROSINE, LEGRAND, LISETTE.

ROSINE (*à Legrand*).

Et Pannard ?

LEGRAND.

Dans le feu de la composition, il ne s'est pas aperçu que je le quittois.

ROSINE.

Eh bien, je triomphe mon cher Legrand.

LEGRAND.

Comment.

ROSINE.

Dans un quart-d'heure j'aurai le manuscrit de Pannard.

LEGRAND.

En vérité?

ROSINE.

Duret va me le livrer.

LEGRAND.

C'est déjà quelque chose.

ROSINE.

Croyez-vous encore que Pannard puisse nous échapper?

LEGRAND.

Je le crains; il m'a parlé en termes si forts de sa reconnoissance pour Duret, qu'il n'embrassera jamais une autre carrière, si Duret lui-même ne le lui conseille fortement.

ROSINE.

Quoi! sa pièce enlevée et jouée sous un autre nom?

LEGRAND.

Ne l'arracheront pas des griffes du procureur, s'il ne se prononce en faveur de cette nouvelle vocation.

ROSINE.

Cela sera difficile.

LEGRAND.

Sans doute. (*A part*) Il me vient une idée, et oui. (*Haut*) Je m'en charge.

ROSINE.

En vérité?

LEGRAND.

Tu peux nous servir, Lisette.

LISETTE.

LISETTE.

De tout mon cœur.

LÉGRAND (à Rosine).

Vous avez quelques habits de caractère ?

ROSINE.

J'en ai pour tous les rôles.

LEGRAND.

Il suffit, passons dans votre appartement ; je vous expliquerai mon projet.... Voilà Pannard, je vais l'engager à nous attendre ; je monte chez moi prendre le costume qu'il me faut, et je vous rejoins.

(Rosine et Lisette sortent.)

SCÈNE VIII.

LEGRAND, PANNARD.

PANNARD (sortant du cabinet).

Voilà mon vaudeville presque fini. Ce couplet ne fera pas mal. Ecrivons vîte, il pourroit m'échaper.

LEGRAND.

Pannard, Pannard.... Voilà bien mes confrères les poëtes ; ils n'entendent plus rien dès qu'Apollon leur sourit.

PANNARD (s'approchant de Legrand et avec enthousiasme.)

Air : *J'ai vu partout dans mes voyages.*

Oui ; mais par malheur ce sourire,
Comme l'éclair n'a qu'un instant ;
Le trait heureux qu'il dût produire,
S'évanouit presque en naissant.

C

Les chastes filles de mémoire ;
Dans leur suite rasant le sol,
Comme l'amour et la victoire,
Doivent toujours se prendre au vol.

LEGRAND.

Quel enthousiasme ! Sa vocation est prononcée.
(A *Pannard*) Vous saurez les fixer; mais elles ne
sont pas les seules volages.

Même air.

Il est encor une déesse
Qui trouble ou donne le repos :
L'art de fixer cette traîtresse,
Est de la saisir à propos ;
Sur sa roue elle se balance,
A peine elle effleure le sol ;
Aussi voilà pourquoi, je pense,
Tant de gens la prennent au vol.

Le voilà qui compose; je suis bien sûr de le retrouver
ici : ne perdons pas une minute.   (*Il sort.*)

SCÈNE IX.

PANNARD (*seul*).

Jamais on ne trouve en ordre l'écritoire d'une jolie
femme.

AIR : *D'Arlequin afficheur.*

Voyez quel contre-temps nouveau,
Pour un auteur, ah ! quel martyre,
Ne pas trouver sur ce bureau,
Une plume en état d'écrire. . . . .
Une qu'en réserve on a mis !
Celle-ci, j'en ai bien la preuve,
N'étoit que pour les vrais amis,
Car elle est encore neuve.

(*Il écrit.*)

Relisons. *(Il chante.)*

Air : *Nouveau de Wickt.*

« Avec Bacchus, avec les Amours,
   » On me voit rire ;
» Mais ma raison garde toujours
   » Tout son empire.
» Chaque plaisir flatte mon goût,
   » Sans qu'il me nuise :
» Rien par excès, un peu de tout,
   » C'est ma devise.

C'est ma devise.... n'y a-t-il rien à dire sur celle de bien des gens. N'oublions jamais que le vaudeville doit frapper l'immoralité comme le ridicule (*Il compose*).

   » Au tems jadis, tous les époux
      » Etoient sévères.

Bon.

   » De l'honneur ils étoient jaloux ;
      » Quelles chimères !

L'opposition n'est pas difficile à trouver.

   » Ceux de nos jours.......

Doucement, Pannard, vous allez faire crier bien du monde.... Eh ! le poëte doit-il jamais être arrêté par une crainte pusillanime? Non, morbleu, point de quartier.

   » Ceux de nos jours ont un esprit
      » Qui s'humanise.

Qui s'humanise....... Moins d'honneur.......
Ceux de nos jours ont un esprit qui s'humanise.

   » Moins d'honneur et plus de crédit,
      » C'est leur devise.

Voilà un couplet de tous les temps.

SCÈNE X.

ROSINE (LEGRAND, LISETTE, *déguisés en vieux*), PANNARD.

LEGRAND (*d'une voix cassée*).

Mademoiselle Rosine.

PANNARD.

Elle est sortie ... Si je pourrois trouver une rime plus riche.

LISETTE (*voix de vieille*).

Tardera-t-elle à venir ?

PANNARD.

Je ne sais ... (*A part*) Elle est si capricieuse ! La voilà. J'y suis.

LISETTE.

Il est fou.

LEGRAND.

Ah ! ah ! mon cher Pannard !

PANNARD.

Que vois-je, Legrand ?

LEGRAND.

Non , mon cher, Monsieur Guilleret.

PANNARD.

Eh ! mais , c'est, je crois, Lisette ?

LISETTE.

Madame Guilleret.

PANNARD.

Expliquez-moi donc le motif de cette mascarade.

ROSINE.

Vous le saurez.

PANNARD.

Quel peut en être l'objet ?

LEGRAND.

Vous.

PANNARD.

Moi ?

LEGRAND.

Sans doute.

PANNARD.

Je ne vous comprends pas.

ROSINE.

Vous allez bientôt juger votre Monsieur Duret.

PANNARD.

AIR: *De la Croisée.*

Il est pour moi plein d'amitié.

LEGRAND.

Son intérêt le lui conseille.

PANNARD.

Pour ses cliens plein de pitié.

LEGRAND.

Mon cher, c'est donc une merveille.

PANNARD.

Du plus léger plaisir mondain,
Blâmant l'usage trop à craindre.

LISETTE.

Le renard laisse le raisin
Qu'il ne peut pas atteindre.

PANNARD.

Votre épreuve , elle-même , va bientôt vous dé-
tromper.

LEGRAND.

Nous verrons.... Songe , Lisette , à bien jouer
ton rôle.

LISETTE.

Je crois que je ne suis pas si mal en vieille.

LEGRAND.

Fort bien; mais le caractère.

LISETTE.

C'est encore plus aisé.

AIR: *Daignez m'épargner le reste.*

Malgré le ravage des ans
 Se croire à la fleur de son âge,
Parler encore de ses amans,
Se plaindre d'un sexe volage ;
Toujours fière de commander,
Contente quand elle babille ,
Aimant surtout à disputer
Du droit d'aînesse avec sa fille.

PANNARD.

Le portrait n'est pas flatté.

LEGRAND.

Si un autre qu'une femme eût tenu ce langage.

ROSINE.

Vous auriez rompu une lance en faveur de notre
sexe.

LEGRAND.

J'aurois dit à celui qui eût ainsi parlé de la femme.

AIR: *Souvent la nuit quand je sommeille.*

Dans son enfance elle intéresse,
On doit l'aimer dans son printems,
La soutenir dans sa vieillesse,
La respecter dans tous les tems :
En vain des ans la main sévère,
Imprima ces sillons nombreux....
Vous osez railler malheureux,
Vous n'avez donc pas une mère ?

LISETTE.

C'est à merveille, mais ne perdons pas de vue notre objet. (*A Pannard.*) Laissez-nous faire.

PANNARD.

Je devrois plutôt prévenir Monsieur Duret du piège qu'on lui tend.

LISETTE.

Si cela sert à vous désabuser.

LEGRAND.

Si notre ruse pouvoit vous rendre à l'état pour lequel vous êtes né.

ROSINE.

S'il vous est démontré que Duret n'est pas sincère.

PANNARD.

Je n'aurai plus de raisons à vous opposer.

LEGRAND (*entendant Duret*).
Monsieur Duret.

PANNARD.
Je vous quitte.

ROSINE.

Au contraire, j'exige que vous vous cachiez dans ce cabinet, d'où vous ne perdrez pas un mot.

PANNARD.

Il m'en coûte beaucoup de vous obéir.

SCÈNE XII.

ROSINE, LISETTE, LEGRAND, DURET.

DURET (*remettant à Rosine un manuscrit*).

Vous voyez si je suis exact.

ROSINE.

On n'est pas plus aimable. Voilà donc votre ouvrage?

DURET.

C'est le fruit de mes loisirs.

ROSINE.

Je puis en disposer entièrement?

DURET.

La pièce est à vous.

ROSINE (*lit le titre*).

La Statue animée.

PANNARD (*à la porte du cabinet*).

Ciel! ma pièce.

ROSINE (*à Duret*).

Vous pouvez encore me rendre un service.

DURET.

Tant mieux, tant mieux; il s'agit?...

LEGRAND.

De juger un petit différent qui vient de s'élever entre Madame et nous.

DURET.

Je plaide quelquefois ; mais le jugement n'est pas de mon ressort.

LISETTE.

Cela se devine aisément.

ROSINE.

Mais, pour me faire plaisir ?

DURET.

Toujours prêt à vous obéir, nonobstant la Cour.

ROSINE.

Je reconnois là votre aimable galanterie.

DURET.

Voyons, de quoi est-il question ?

LISETTE.

Monsieur, je vais en deux mots....

LEGRAND.

Doucement, Madame Guilleret, doucement : ceci n'est point de votre compétence ; et je vais moi-même, expliquer notre affaire à Monsieur.

DURET.

J'écoute.

LEGRAND.

Vous saurez, Monsieur, que depuis cinquante ans, de père en fils, j'exerce avec honneur et distinction le métier d'orfévre-joaillier....

DURET.

Orfévre, Monsieur, parlez, je suis tout oreilles.

LISETTE.

Je n'en doute pas.

LEGRAND.

Quoiqu'uni à l'âge de dix - huit ans à Madame Guilleret, le Ciel ne nous a accordé qu'un seul re-jeton, notre unique espérance.

LISETTE.

Il fait le bonheur de notre vie.

LEGRAND.

Dites plutôt qu'il en fait le tourment.

LISETTE.

Il en fait le tourment?

DURET.

Ne l'interrompez pas, Madame Guilleret.

LEGRAND.

Nous n'avons rien négligé pour l'éducation de cet enfant.

LISETTE.

C'est un bijou.

LEGRAND.

Eh bien, Monsieur, ce mauvais garnement refuse de suivre l'état de son père. Il s'obstine à se jeter dans la carrière du théâtre ; à faire des vaudevilles.

ROSINE.

A-t-il tort? Je vous le demande. Né avec de brillantes dispositions, doit-il végéter dans un comptoir obscur, quand il peut se faire un nom illustre à la scène ?

DURET.

Raisonnement sans réplique.

LEGRAND.

Et les piéges que le démon peut tendre en pareil lieu à une ame sans expérience ?

LISETTE.

C'est ouvrir l'enfer sous ses pas.

DURET.

Bah! bah! bah!

LEGRAND.

Et, si l'on vous enlevoit ainsi votre clerc, Monsieur, que feriez vous?

DURET.

Je le regretterois beaucoup.

ROSINE.

Vraiment?

DURET.

Bien certain de ne pas en trouver un qui me fit le même ouvrage, et à si bon marché.

ROSINE.

Et pas pour d'autres raisons?

DURET.

Oh! mon dieu non.

LEGRAND.

Ainsi, Monsieur, votre opinion....

DURET.

Mon opinion.

AIR : *de Pauline.*

Considérant que le Théâtre
Est le tableau de nos erreurs;
Considérant qu'on idolâtre
L'homme qui corrige les mœurs;
Considérant qu'il est utile
De re drea aux Français leur gaieté,
Je l'abandonne au vaudeville.

TOUS, *excepté* **DURET.**

Qu'il y soit à jamais fêté.

DURET.

Ainsi jugé sans appel.

LEGRAND [*ôtant sa perruque*].

Vivat ! notre cause est gagnée.

DURET.

M. Legrand!... Que veut dire ceci? Que signifie ce déguisement?

ROSINE.

Rassurez-vous, ce n'est qu'une petite ruse pour vous faire dicter vous-même à Pannard le parti qu'il doit suivre.

DURET.

Juste ciel! je suis joué..... mais vous ne jouirez pas de votre ruse, et ce manuscrit sera la proie des flammes (*Il l'arrache des mains de Rosine*).

SCÈNE XII.

LES PRÉCÉDENS, PANNARD.

PANNARD (*accourant*).

Sauvez mon manuscrit. (*Il l'arrache des mains de Duret*).

DURET.

Comment, c'est vous! Quel démon vous a conduit dans cet abyme?

PANNARD.

N'ayant pas perdu un mot de votre entretien,

toute explication seroit inutile ; laissez-moi suivre mon penchant.

DURET.

Eh bien, oui, petit insensé, je t'abandonne á cette sirène.

LISETTE.

Ne vous fâchez pas, M. Duret : vous êtes si bien quand vous souriez !

DURET.

Adieu Madame.

ROSINE.

Enfin, mon cher Pannard, vous voilà raisonnable

LISETTE.

Et voilà le premier pas fait : on ne sait pas jusqu'où cela peut mener.

VAUDEVILLE.

AIR : *Jettez les yeux sur cette lettre.*

LISETTE.

Pour vous livrer au vaudeville,
Vous abandonnez le palais ;
De plus d'un changement utile
J'ai vu moi-même les effets.
Je pourrois citer vingt coquettes,
Faisant aujourd'hui grand fracas,
Qui comme moi dans les soubrettes,
Peut-être ont fait les premiers pas.

LEGRAND.

Rarement on voit l'hyménée
D intelligence avec l'amour ;
Au lieu d'unir leur destinée,
Ils se chicanent tour à tour.

Mais je crois que le Dieu rigide,
Doit peut redouter les débats,
Lorsqu'à l'amour encor timide,
Il fit faire les premiers pas.

PANNARD.

L'auteur d'une pièce éphémère,
Se croit ou Molière ou Regnard :
A peine entré dans la carrière,
Un soldat se croit un César.
Un médecin qui vient de naître,
S'il meurt un malade en ses bras,
S'imagine être passé maître,
Pour avoir fait les premiers pas.

ROSINE.

Dans la carrière qu'il commence,
Pannard aujourd'hui seroit fier,
Si grâces à votre indulgence,
Il évitoit un pas de clerc.
Il réclame votre suffrage,
Pour sortir de cet embarras ;
Ah ! dans ce pénible voyage,
Encouragez ses premiers pas.

FIN.

181